LÉGISLATION DES TRANSPORTS

ÉTUDE

SUR LES

PROJETS DE RÉFORME DES ARTICLES 105 ET 108

DU CODE DE COMMERCE

PAR A. EON,

Professeur de Droit commercial à la Faculté de Droit, Avocat
près la Cour d'appel de Rennes.

Extrait de la Revue de Jurisprudence commerciale et maritime de Nantes.

PARIS,

LIBRAIRIE MARESCQ AÎNÉ. — A. CHEVALIER-MARESCQ, GENDRE
ET SUCCESSEUR, RUE SOUFFLOT, 20.

ÉTUDE

SUR LES PROJETS DE RÉFORME DES ARTICLES 105 ET 108

DU CODE DE COMMERCE.

LÉGISLATION DES TRANSPORTS

ÉTUDE

SUR LES

PROJETS DE RÉFORME DES ARTICLES 105 ET 108

DU CODE DE COMMERCE

PAR A. EON,

Professeur de Droit commercial à la Faculté de Droit, Avocat
près la Cour d'appel de Rennes.

Extrait de la Revue de Jurisprudence commerciale et maritime de Nantes.

PARIS,

LIBRAIRIE MARESCQ AÎNÉ. — A. CHEVALIER-MARESCQ, GENDRE
ET SUCCESSEUR, RUE SOUFFLOT, 20.

LÉGISLATION DES TRANSPORTS

ÉTUDE

PROJETS DE RÉFORME DES ARTICLES 105 ET 108

DU CODE DE COMMERCE.

I.

I. — Diverses pétitions adressées à la Chambre des Députés au sujet des inconvénients de l'application de l'art. 105 du Code de Commerce aux transports par chemins de fer, ont été renvoyées à l'examen des Ministres de la Justice, des Travaux publics et du Commerce.

Les Ministres saisis par ce renvoi ont constitué, sous la présidence de M. Martin-Feuillée, sous-secrétaire d'Etat au Ministère de la Justice, une Commission chargée d'étudier les modifications dont cet article serait susceptible et, en général, celles qu'il pourrait être utile d'apporter à la législation des transports.

Cette Commission a provoqué les avis des Tribunaux et Chambres de Commerce, de la Cour de cassation et des Cours d'appel, des Facultés de droit, enfin des Compagnies de chemins de fer elles-mêmes.

II. — Voici le texte des questions posées :

« 1° Y aurait-il lieu d'accorder au destinataire un délai court, pendant lequel il pourrait, même après réception des marchandises et paiement des transports, réclamer des dommages-intérêts pour les avaries et les pertes, à condition de prouver que ces avaries ou pertes sont survenues dans le transport ? »

« Y aurait-il lieu également d'accorder au destinataire, pendant un délai court après la réception, le droit de réclamer des dommages-intérêts pour retard? »

« 2° Les dispositions de l'art. 105 ont été étendues par une Jurisprudence récente, aux actions en détaxe dirigées contre le voiturier, lorsque ces actions n'ont pas pour objet la rectification d'une simple erreur de calcul, mais portent, soit sur l'existence même des conditions du contrat de transport, soit sur une faute commise dans l'exécution de ce contrat (arrêts de la Cour de Cassation, Chambre civile, 25 avril 1877). »

« Les pétitionnaires se plaignent que les Compagnies conservent le droit de réclamer les suppléments de taxes qui n'ont pas été exactement calculées, et, qu'au contraire, les négociants ne peuvent, dans la plupart des cas, obtenir la restitution des sommes payées en trop. »

« Y aurait-il lieu, en conséquence, de distinguer les actions pour avaries, pertes ou retards, des actions en détaxe et de n'appliquer l'art. 105, même modifié, qu'aux premières, en édictant pour les secondes, une prescription spéciale de courte durée? »

La note enfin se termine ainsi :

« Les juridictions, corporations ou Sociétés consultées sont en outre invitées à faire connaître leurs vues sur les modifications qui pourraient être apportées à la législation des transports. »

III. — Parmi les corps consultés , je n'en connais pas jusqu'ici qui aient répondu à cette dernière invitation par des propositions précises. Je n'en dirai qu'un mot à la fin de ce travail. Tous paraissent avoir limité leurs observations aux réformes à apporter à l'art. 105, ou mieux, aux art. 105 et 108 du Code de Commerce. .

Les quelques avis dont les conclusions m'ont été bienveillamment communiquées permettent, d'ailleurs, de se rendre compte de la plupart de ceux qui pourront l'être encore sur les points en discussion; ils accusent du moins assez nettement les diverses tendances qu'il était aisé de prévoir, pour que le pour et le contre puissent être, dès ici, exactement appréciés.

Au sujet du délai réclamé quant aux actions pour avaries ou pertes et même pour retards, on rencontre quelques avis négatifs (1) ; mais, d'après ce que j'ai pu connaître, il est permis de croire qu'ils resteront isolés ; l'utilité d'une réforme est, en général, admise; toutefois, on varie sur la mesure du délai.

La réforme qui paraît le plus unanimement acceptée est celle qui consiste à soustraire à la déchéance de l'art. 105 les actions en détaxe auxquelles la Jurisprudence appliquait ce texte. Même, il existe une tendance marquée à ne pas les distinguer de toutes autres actions en détaxe, ni des actions en surtaxe, à régir en un mot, les compagnies et les particuliers par un système d'entière réciprocité, quant à la prescription de toutes ces actions.

De plus, suivant quelques-uns, les limites à fixer pour les délais accordés, soit au cas de retards, soit au cas de demandes en réduction de taxes, ne s'appliqueraient qu'autant qu'il aurait été satisfait par les compagnies sur la lettre de

---

(1) Cour de Paris. — Chambre de Commerce de Nantes, quant aux actions pour pertes et avaries. — Faculté de Droit de Bordeaux, au cas du moins d'avaries apparentes.

voiture ou le bulletin d'expédition, aux prescriptions de l'art. 102 du Code de Commerce, concernant le prix et le délai du transport. — J'exprime dès ici mes doutes sur le mérite de cette dernière proposition.

En m'éclairant des divers documents dont je dispose (2), je reprendrai les questions posées par la note de la Commission ou par les réponses qui y sont faites, dans l'ordre même où elles viennent d'être indiquées.

II.

Première question : Y aurait-il lieu d'accorder au destinataire un délai court, pendant lequel il pourrait, même après réception des marchandises et paiement du prix de transport, intenter les actions auxquelles donneraient lieu les avaries, pertes ou retards ?

Cette question elle-même se subdivise :

A. — *Actions pour avaries ou pertes.*

I. — Il s'agit, avant tout, de trancher la question de principe.

Faut-il opter pour le *statu quo* (3), ou convient-il d'accorder au destinataire le délai réclamé ?

(2) J'adresse tous mes remercîments à M. Martin-Feuillée, sous-secrétaire d'Etat au Ministère de la Justice, président de la Commission, à l'obligeance duquel je dois la communication de la plupart des documents cités dans cette Etude ; à M. Derôme, président de Chambre à la Cour de Rennes et rapporteur du projet devant cette Cour, pour la communication qu'il a bien voulu me faire de son rapport ; à MM. Genevois, l'un des directeurs de la *Revue de Jurisprudence commerciale et maritime de Nantes,* et Lemarié, docteur en droit et avocat à Saint-Malo, pour celle des délibérations des Chambrés et Tribunaux de Commerce de Nantes et de Saint-Malo.

(3) V., pour le *statu quo,* outre les avis cités à la note 1, la *Gazette des Tribunaux,* n° du 1er avril 1881.

Pour moi, poser la question, c'est la résoudre ; cependant, en faveur du maintien de l'art. 105 (4), deux arguments sont invoqués, l'un juridique, l'autre utilitaire.

Le premier est fondé sur ce que, par l'exécution sans réserves donnée au contrat par la réception des colis et le paiement du transport, le destinataire reconnaît que le transporteur a lui-même accompli ses obligations.

Le second s'appuie sur la crainte de fraudes, sur la difficulté de la preuve qui incomberait aux destinataire, concernant la cause des avaries et sur ce que l'art. 105 a précisément voulu empêcher de nombreux procès dans lesquels les preuves seraient le plus souvent impossibles (5) ; là où la réclamation eût été *à priori* écartée par une fin de non-recevoir, elle le sera faute de preuve ; — les procès seront multipliés, les frais accrus ; en somme, le résultat ne sera pas changé.

a. — La réponse au premier argument, c'est que la présomption de l'art. 105 suppose que le destinataire a vu et vérifié les marchandises ; mais s'il est démontré que ce n'est là qu'une fiction, le plus souvent contraire à la vérité, il n'y a plus de raison de la maintenir.

Or, les transports par voies ferrées sont loin de comporter les mêmes facilités de vérification que les modes de transport en usage en 1807.

La rigueur de l'art. 105 était, d'ailleurs, atténuée en pratique par la tolérance habituelle des voituriers (6).

---

(4) Rappelons le texte de l'art. 105 : « La réception des objets transportés et le paiement du prix de la voiture éteignent toute action contre le voiturier. »

(5) *Gazette des Tribunaux* du 1er avril 1881.

(6) L'usage était de ne réclamer le prix de la voiture qu'après un certain délai depuis la remise des colis. — Même si, pour maintenir son

Aujourd'hui, au contraire, avec la rapidité nouvelle et la multiplicité inouïe des transports par chemins de fer, les mêmes tolérances n'existent plus et toute vérification préalable au paiement est, en fait, devenue impossible.

Seules les avaries extérieures peuvent être reconnues. — Cependant, la déchéance s'applique même au cas d'avaries intérieures (7) ; et les quelques exceptions admises par la Jurisprudence (8) sont subordonnées à des justifications telles

privilège, le voiturier réclamait immédiatement le prix, le temps ne manquait pas au destinataire pour les vérifier.

(7) Civ. Cass., 29 mars 1867 ; 9 août 1869 ; 9 mars 1870 ; D. P., 67, 1, 197 ; 69, 1, 503 ; 70, 1, 221.

(8) La fin de non-recevoir de l'art. 105 ne s'applique pas :

« Aux expéditions en port payé ; Req., 13 novembre 1867 ; (D. P., 68, 1, 18) ;

» Au cas de réception non suivie de paiement ; Req., 4 août 1842 ; 22 juillet 1850 ; 26 février 1855 ; (D. P., 42, 1, 327 ; 51, 1, 47 ; 55, 1, 404) ;

» Au cas où vérification rendue impossible par le fait de la Compagnie ou de ses agents ; exemples : Ignorance par le destinataire des conditions du transport provenant du fait du voiturier ; Civ. rej., 22 mai 1865 ; (D. P., 65, 1, 272) ; — Livraison dans une gare encombrée ; Civ. rej., 13 août 1872 ; (D. P., 72, 1, 228) ; — Livraison au milieu d'un tumulte ; Req., 5 février 1856 ; (D. P., 56, 1, 131) ; »

Mais il incombe au destinataire de prouver cette impossibilité de vérification ; il faut qu'elle soit constatée, et une simple difficulté ne suffit pas. (Arrêt précité du 9 mars 1870, et Req., 27 décembre 1880, admettant un pourvoi formé par la Compagnie du Nord ; *Gazette des Tribunaux* du 29 décembre 1880.

A fortiori, l'art. 105 serait inapplicable au cas de fraude du voiturier ou de ses préposés ; arg. de l'art. 108 *in fine*; l'action même durerait alors 30 ans ; Req. rej., 16 mars 1859 ; 16 avril 1859 ; (D. P., 59, 1, 317 et 181) ; Civ. rej., 6 mars 1872 ; (D. P., 72, 1, 168) ; mais la preuve de la fraude incombe toujours au destinataire.

que le destinataire a peu de chances de faire écarter l'art.
105.

Les applications qui sont faites de cet article s'aggravent
encore de ce que la Cour Suprême a admis que les compagnies n'étaient pas tenues d'accepter les réserves que le destinataire voudrait faire lors de la livraison (9).

Pouvant toujours craindre des avaries intérieures, celui-ci
n'a dès lors d'autre alternative que de prendre livraison à
l'aveugle, en payant le prix du transport, c'est-à-dire d'en-
courir la déchéance, ou de refuser la marchandise et de
recourir aux formalités de l'art. 106 au risque de retards et
de frais préjudiciables.

Dira-t-on que c'est à lui d'user de la faculté de vérification
préalable reconnue par la jurisprudence. J'ai déjà répondu
qu'en fait cette faculté est illusoire : — s'agit-il de marchandises livrables en gare, au moins pour toutes celles
expédiées sous emballage, la vérification en gare est impossible ; la jurisprudence cependant n'écarte la fin de non-
recevoir que s'il y avait encombrement de la gare (10) ; mais
elle ne se préoccupe pas de la nature des marchandises qui
rendrait le plus souvent l'ouverture et la vérification des
colis plus dommageables que ne peut l'être le risque d'une
réception pure et simple.

S'agit-il de marchandises livrables à domicile, le destinataire n'a le choix que de recevoir ou de refuser les colis ;
attendre leur ouverture ne pourrait que difficilement être
imposé aux compagnies à cause de l'activité incessante que
réclament les livraisons ; la vérification du conditionnement
extérieur est seule possible, mais non celles d'avaries
intérieures telles que celles dues à des chocs, à l'humidité,
etc.

(9) Req. rej., 30 janvier 1872 ; (D. P., 72, 1. 375).
(10) Arrêt précité du 13 août 1872 ; (D. P. 72, 1, 228).

Le mal est donc constant et le remède n'a rien que de juridique.

La possibilité d'une vérification avant paiement est en effet la base nécessaire de la présomption de l'art. 105 qui, autrement, n'est plus qu'un *non sens* (11).

b. — Y a-t-il lieu de s'incliner néanmoins devant l'argument utilitaire, c'est-à-dire devant l'objection de la crainte de fraudes et de la difficulté de la preuve qui incomberait au destinataire.

Certes, des précautions sévères doivent être prises pour déjouer les fraudes ; mais on peut être surpris de voir que c'est de l'intérêt même du commerce que paraissent surtout se préoccuper les adversaires du projet.

Craignez un présent funeste, dit-on aux commerçants ; ceux-ci, dirai-je à mon tour, sont à cet égard les meilleurs juges de leur intérêt ; et je ne crois pas être téméraire en avançant que plusieurs des représentants autorisés des compagnies reconnaissent eux-mêmes la nécessité d'un délai. Quelques compagnies sont même allées, paraît-il, au devant de la réforme demandée.

La Chambre de Commerce de Nantes déclare que plusieurs négociants ayant, avec une de nos grandes compagnies des relations suivies, ont fait accueillir leurs réclamations, « bien que présentées après le règlement du prix du transport. » C'est même comptant sur ces pratiques « que la majorité » des membres de cette Chambre s'est prononcée pour le

---

(11) Rapport de M. le président Derôme. — La Faculté de Bordeaux distingue les avaries extérieures des avaries intérieures et n'accorde le délai qu'au dernier cas. Sans doute, il y a alors un *à fortiori ;* mais j'estime qu'il serait à la fois dangereux et trop rigoureux de distinguer ; que surtout cet excès de logique compromettrait, sans avantage appréciable, l'uniformité de la règle qu'il convient d'établir.

» maintien de l'art. 105 lorsqu'il s'agit d'actions motivées
» par les avaries. » (12)

Quoi qu'il en soit de ces assertions, ce n'est pas ici d'un régime de pure tolérance qu'on peut se satisfaire ; c'est la loi qu'il faut pouvoir invoquer. Les réclamants ne se font du reste nulle illusion sur la nécessité de prouver que les avaries seraient imputables aux transporteurs ; ils savent qu'ils agiront à leurs risques (13) ; mais cette preuve est elle donc impossible? Non assurément ; l'état matériel des colis et les circonstances du transport permettront le plus souvent de déterminer la cause de l'avarie (14) ; que la vérification ne soit pas retardée au-delà d'un bref délai, voilà tout ce qu'on peut accorder.

Les destinataires seront d'ailleurs incités par leur propre intérêt à s'arrêter en présence des premiers signes d'avaries intérieures, à en dénoncer immédiatement l'existence et à provoquer une vérification régulière, c'est-à-dire par experts commis, qui, en supposant qu'elle ne puisse toujours être contradictoire, n'en fournira pas moins des éléments sérieux d'appréciation. La loi même devra leur prescrire ces formalités.

Si donc la preuve que les avaries proviennent du fait du transporteur doit être imposée aux destinataires, ce n'est pas un motif de leur refuser le délai qu'ils réclament. Ce que

(12) Délibération de la Chambre de Commerce de Nantes.

(13) V. plus haut le texte même de la question posée par la Commission.

(14) Un arrêt utile à consulter à cet égard est celui de la Cour de Paris, du 5 janvier 1874. (D. P., 1875, 2, 8.) Alors qu'il n'existait nulle trace d'avaries extérieures, l'ouverture des caisses fit découvrir que les étoffes qu'elles contenaient étaient détériorées par l'humidité; et la déchéance de l'art. 105 ayant pu être écartée, grâce aux circonstances dans lesquelles la livraison s'était faite, la Cie Paris–Lyon–Méditerranée fut déclarée responsable de l'avarie.

nous disons est conforme au projet du Code de Commerce italien cité dans la *Gazette des Tribunaux* du 1er avril 1881 (15). Il est vrai que, d'après ce projet, la preuve que les avaries étaient antérieures à la réception est expressément mise à la charge du destinataire ; et le journal précité demande que si l'art. 105 est modifié, du moins cette même exigence y soit expressément formulée ; mais cela va de droit ; et c'est une discussion qui peut paraître superflue, que celle de savoir si une disposition expresse est nécessaire.

II. — Quel sera donc le délai ? — Là est désormais la seule question.

Quelques-uns des corps consultés se sont bornés à approuver le principe du délai, sans en spécifier la durée ; c'est ce qu'ont fait par exemple, les Chambre de Commerce de Rennes et de Saint-Malo.

Les délais proposés par d'autres varient de six mois à quelques jours ou même à 24 heures.

Le Tribunal de Commerce de Rennes demanderait six mois, conformément à l'art. 108 du Code de Commerce. Ce serait en un mot la suppression de toute fin de non recevoir pour le cas de réception suivie de paiement du prix.

Ce délai de six mois est manifestement exagéré.

La Cour de Lyon, tout en laissant pour intenter l'action ce même délai de six mois de l'art. 108, voudrait qu'au cas de réception des marchandises et de paiement de la lettre de voiture, l'action ne fût recevable qu'autant qu'une vérification

---

(15) Le texte correspondant à l'art. 105 serait ainsi rédigé :
« La réception des choses transportées et le paiement du transport
» éteignent toute action contre le voiturier. Toutefois l'action pour la
» perte ou l'avarie non reconnaissable au moment de la réception continue
» à subsister après la réception des choses transportées et le paiement
» du port, si la perte ou l'avarie a été constatée judiciairement dans les
» dix jours de la réception, et s'il est prouvé qu'elles y étaient anté-
» rieures. Ces dispositions ne sont pas appplicables au cas de dol. »

de ces marchandises aurait été provoquée dans un délai de deux ou trois jours au *maximum*. C'est déjà un correctif; il reste à se demander, le délai pour faire constater les avaries étant ainsi restreint, à quoi bon six mois pour agir.

On sait que le projet de Code de Commerce italien donnerait dix jours.

Les cours de Rennes et de Rouen se rencontrent pour proposer que, nonobstant la réception des objets transportés et le paiement du prix de la voiture, le destinataire puisse, pendant trois jours à partir de la réception, réclamer des dommages-intérêts pour avaries ou pertes. — Il n'y aurait donc que trois jours non-seulement pour dénoncer les avaries, mais pour intenter l'action elle-même.

D'après le Tribunal de Commerce de Nantes, les actions pour avaries ou pertes devraient être intentées contre le voiturier dans les 24 heures qui suivraient la livraison de la marchandise et le paiement de la lettre de voiture.

Vingt-quatre heures ou même deux ou trois jours pour intenter l'action, n'est-ce pas un trop court délai ? Ne serait-ce pas contraindre à des procès téméraires qui, une fois la cause de l'avarie vérifiée, ne seront peut-être pas engagés ?

— Quelques-uns des autres corps consultés ont obéi à une pensée commune, celle d'étendre au cas qui nous occupe les délais admis par les art. 435 et 436 du Code de Commerce quant aux actions pour avaries résultant de transports maritimes.

Tel a été le sentiment des Cours d'Aix et de Bordeaux ; telle a été aussi la solution proposée par la Faculté de droit de Rennes (16).

Chargé par la confiance de mes collègues de l'étude préalable de la question et du rapport, j'y ai déjà fait et on m'excusera d'y faire encore quelques emprunts.

(16) Délibération du 20 janvier 1881.

Ce rapport débutait à peu près ainsi :... Le texte (de l'art. 105) est général et par conséquent s'applique aux transports par chemins de fer comme à tous autres, les transports maritimes exceptés.

Quant à ces derniers, ils sont régis par les art. 435 et 436, qu'il est utile de signaler dès ici.

« Art. 435. — Sont non recevables, toutes actions contre le » capitaine et les assureurs, pour dommage causé à la mar- » chandise, si elle a été reçue sans protestation. ».........

« Art. 436. — Ces protestations et réclamations sont nulles » si elles ne sont faites et signifiées dans les vingt-quatre » heures, et si, dans le mois de leur date, elles ne sont » suivies d'une demande en justice. »

Ainsi, délai de vingt-quatre heures, à partir de l'achève- ment de la livraison pour protester ; puis, délai d'un mois pour agir en justice ; telle est la substance de ces articles (17). Ils sont dus manifestement à la même pensée que l'art. 105 : subordonner l'action à ce que la cause du dommage soit susceptible d'être vérifiée avec une suffisante certitude ; mais la déchéance ne résulte cependant pas immédiatement de la réception des marchandises.

L'idée d'une modification à l'art. 105 étant acceptée, les art. 435 et 436 ne fournissent-ils pas tout naturellement la base de la solution cherchée ? Cette solution consisterait à reconnaître au destinataire, même après réception des colis et paiement du prix de transport, le droit de protester, pourvu qu'il le fasse dans le plus bref délai et qu'il intente

---

(17) Il est à noter : 1º qu'ils ne s'appliquent qu'aux actions pour ava- ries ou pertes pour lesquelles les vérifications à faire sont urgentes, non aux actions pour retards ; 2º que la déchéance est encourue même si le fret n'est pas payé ; mais on peut, dans ce dernier cas, se demander si le fait que la marchandise serait livrée sans que le paiement du trans- port fût exigé n'équivandrait pas à des réserves expresses.

l'action dans un second délai non moins rigoureusement déterminé.

On réserverait d'ailleurs tous les cas d'exception admis par la jurisprudence, c'est-à-dire que la prescription de six mois de l'art. 108 serait seule applicable au cas de non-paiement du prix de la voiture, d'expédition en port payé ou de refus de la marchandise ; même, suivant l'art. 108 *in fine,* à cette prescription de six mois ne seraient pas soumis les cas dé fraude ou d'infidélité. (18)

La disposition nouvelle pourrait donc être conçue à peu près dans ces termes :

« La réception des objets transportés et le paiement du prix de la voiture éteindront toute action contre le voiturier pour avaries ou pertes, à moins de protestation faite dans les vingt-quatre heures de la réception.

» Dans le même délai et, à défaut d'entente amiable dûment constatée, la vérification desdits objets devra être provoquée dans les formes fixées par l'art. 106.

» La demande en justice devra elle-même être intentée dans le mois, à partir du jour de la protestation, le tout sous peine de déchéance. »

Telle est la proposition transmise par la Faculté de droit de Rennes, qui y a vu une juste conciliation des intérêts opposés.

— Il peut être utile d'en rapprocher les propositions des Cours d'Aix et de Bordeaux.

(18) L'art. 108, en effet, est ainsi conçu : « Toutes actions contre le commissionnaire et le voiturier, à raison de la perte ou de l'avarie des marchandises, sont prescrites après six mois pour les expéditions faites dans l'intérieur de la France et après un an pour celles faites à l'étranger ; le tout à compter, pour le cas de perte, du jour où le transport des marchandises aurait dû être effectué, et pour les cas d'avaries, du jour de la remise des marchandises aura été faite, sans préjudice des cas de fraude ou d'infidélité.

D'après la Cour d'Aix, l'art. 105 devrait être ainsi rédigé :

« Sont non-recevables toutes actions en dommages-intérêts pour avaries ou pertes (et retards), si les objets transportés ont été reçus par le destinataire, sans réserves ou protestations signifiées dans les vingt-quatre heures de la réception. Le destinataire ou la partie la plus diligente pourra après les réserves ou protestations, faire vérifier l'état des objets transportés dans la forme tracée par l'art. 106 du Code de Commerce. Toutes réserves, protestations et réclamations seront nulles et non avenues, si, dans le mois de leur date, elles ne sont suivies d'une demande en justice. »

Quant à la Cour de Bordeaux, elle est d'avis « que l'art. 105 doit être modifié en ce sens que le destinataire aura un *jour franc,* à partir du paiement du transport, pour notifier à la Compagnie transporteur une protestation à raison des pertes ou avaries, et que la demande de dommages-intérêts sera non recevable si elle n'est introduite en justice dans le mois qui suivra la protestation (19). »

— La Cour de Bordeaux n'applique donc elle aussi la déchéance qu'au cas de réception accompagnée de paiement.

Pour la Cour d'Aix, au contraire, la déchéance serait encourue par le seul fait de la réception non suivie de protestation ; c'est plus conforme au texte même des art. 435 et 436, mais ce serait l'abrogation de l'art. 108.

Au contraire, la distinction que nous maintenons est à nos yeux plus juridique et satisfait mieux à l'équité (20).

— La Cour de Bordeaux ne vise pas l'art. 106. Pour la Cour

(19) La Faculté de Droit de la même ville, pour le cas d'avaries intérieures, le seul, on le sait, où elle s'écarte de l'art. 105, donnerait deux jours pour protester.

(20) D'après la Cour de Rennes, la déchéance, faute d'avoir agi dans le délai qu'elle impartit, serait encourue toutes les fois que les deux faits de la réception des colis et du paiement du transport seraient réunis,

d'Aix, l'emploi de la procédure de cet article ne serait que facultatif.

La Faculté de Rennes, désireuse d'assurer un contrôle immédiat, proposerait que cette procédure fût obligatoire, tout en réservant à cet égard la possibilité d'une entente amiable. Elle se rencontre ici avec la Faculté de Bordeaux.

— L'avis de la Cour de Bordeaux enfin diffère des deux autres, en ce que le délai pour protester serait *d'un jour franc,* à partir de l'événement qui en fixe le point de départ.

La Cour d'Aix et la Faculté de Rennes ont conservé le délai même de l'art. 436 : vingt-quatre heures de la réception ; c'est-à-dire qu'à partir de l'achèvement de la réception le délai se compterait d'heure à heure.

Cette dernière rédaction a sans doute l'avantage de l'entière conformité avec l'art. 436 ; mais ne peut-elle donner lieu en pratique à des difficultés ; et, alors que certains avis seraient, pour un délai plus long, donner avec la Cour de Bordeaux, un *jour franc,* c'est-à-dire toute la journée du lendemain, ne serait-ce pas satisfaire, dans une limite d'ailleurs non compromettante, aux demandes de plus longs délais, en même temps que supprimer une source de contestations possibles (21)?

dans quelque ordre qu'ils se fussent produits ; elle serait encourue, par conséquent, au cas d'expédition en port payé,

Je crois préférable de maintenir les distinctions anciennes.

En principe (art. 108), l'action dure six mois ; d'après l'art. 105, elle est éteinte de droit par la réception de la chose et le paiement du transport, qui impliquent décharge pour le transporteur ; mais au cas de paiement anticipé le seul fait de la réception n'emporte pas décharge. Que s'agit-il de faire aujourd'hui ? De supposer de plein droit des réserves qui feront que l'action survivra, pendant un délai court, au double fait qui en entraînait l'extinction. En d'autres termes, la déchéance, au lieu d'être immédiate sera un peu différée ; mais elle ne doit résulter que des mêmes causes qu'autrefois.

(21) Ainsi, la Cour de Lyon propose trois jours.

Pour mon compte, après mûre réflexion, je préférerais le *jour franc,* je ne fais du reste que revenir à la rédaction que j'avais déjà proposée comme rapporteur.

III. — L'avis transmis à la Chancellerie par la Cour d'Aix appelle enfin l'attention à un autre point de vue. Les conclusions du rapporteur, telles que je les ai citées jusqu'ici, n'ont été adoptées par la Cour que sous certaines réserves. Il résulte du procès-verbal de la délibération, que M. le Procureur général a présenté deux observations :

Il a d'abord critiqué le délai de vingt-quatre heures comme trop bref et proposé quarante-huit heures au moins.

La Cour n'a pas admis cette modification aux conclusions du rapport.

Mais il a ajouté que les conclusions de la Commission paraissent présenter un autre grave inconvénient dans l'application. C'est la nécessité de la signification par huissier des protestations.

Soit dans des gares isolées et plus ou moins éloignées du lieu de résidence de l'huissier, soit pour les petits commerçants ou les particuliers qui ne reçoivent que de rares colis ou des colis de peu de valeur, cette exigence est, dit-il, trop rigoureuse ; il est à craindre qu'on ait quelque difficulté à s'y conformer, ou qu'une juste réclamation soit entravée, parce qu'on aura reculé devant les frais relativement onéreux d'une signification.

Le rapporteur a répondu : « Que les modifications à apporter à l'art. 105 du Code de Commerce devaient être inspirées par des sentiments de sage modération et ne pas s'exposer à dépasser le but ; que si ces modifications se bornaient à appliquer aux transports par terre les règles suivies pour les transports maritimes, il fallait accepter ces règles dans leur entier, avec leur texte et les commentaires fournis par la doctrine et la jurisprudence, sans recourir à des innovations radicales. »

La discussion s'est continuée. M. le premier Président, la résumant, a dit : « Que la Cour tout entière était frappée de ce qu'il y avait de saisissant dans les observations de M. le Procureur général, et de ce qu'il y avait, par conséquent, de rigoureux à imposer *à tous les destinataires sans exception* l'obligation de faire signifier leurs réserves par huissier, sous peine de déchéance. »

M. le premier Président a alors proposé d'émettre le vœu que la Commission d'enquête voulut bien porter spécialement son examen sur ce point et rechercher s'il conviendrait de déclarer valables des réserves faites par les destinataires dans les vingt-quatre heures et portées à la connaissance des transporteurs par des actes pouvant équivaloir à une signification par huissier. Cette proposition du premier Président a été accueillie à l'unanimité.

Tel est le résumé de la délibération de la Cour d'Aix. La protestation se ferait toujours dans les vingt-quatre heures de la réception des marchandises, mais ne serait pas faite nécessairement par huissier.

—Veut-on dire que si, dans le délai donné pour protester, et, par exemple, sur la première réclamation du destinataire, les parties se mettent d'accord pour qu'il soit procédé contradictoirement par des experts qu'elles désignent, à la vérification de la marchandise, cela équivaudra à la protestation qu'exigerait la loi, nul ne contredira ; c'est en effet en ce sens que sont entendus les art. 435 et 436 du Code de Commerce (22).

Serait-il même possible d'autoriser les réclamants à venir inscrire, dans le délai voulu, leurs protestations, à condition d'en préciser l'objet, sur un registre *ad hoc* qui serait mis à leur disposition dans les gares ; c'est là ce qui serait peut-être à étudier. — Mais voudrait-on aller plus loin dans cette voie et admettre comme protestations valables de simples lettres chargées ou recommandées. J'y résisterais pour mon

(22) Dalloz, Code de Commerce annoté, art. 435 et 436, nos 41 et suivants.

compto et je n'hésiterais pas à m'associer, à cet égard, aux observations de la *Gazette des Tribunaux* du 1er avril. — Après avoir combattu toute modification à l'art. 105 et dit à quelles conditions du moins l'octroi d'un délai devrait être subordonné, ce journal ajoute : « Ce qu'il faudrait bien se garder de faire, ce serait de permettre au destinataire de formuler des protestations ou réclamations par lettre chargée ou recommandée. Il existe depuis quelques années une très fâcheuse tendance, qui consiste à admettre que des lettres chargées ou recommandées puissent remplacer les significations par ministère d'huissier. »

L'auteur de l'article s'étend ensuite sur l'insuffisance des reçus de la poste qui ne portent pas le nom de l'expéditeur et où le timbre indiquant le bureau de poste et la date n'est même pas toujours lisible. Il est inutile de le suivre dans ces critiques, l'expéditeur de la lettre pouvant toujours, moyennant un droit supplémentaire de 10 centimes, se faire donner avis de la réception de la lettre. Mais c'est avec raison qu'il fait remarquer que le reçu ou l'avis de la poste ne contiendront jamais le contenu de cette lettre. Sans doute, si elle émane d'un commerçant, le livre des copies de lettres serait admissible (art. 8 du Code de Commerce) pour prouver ce contenu; mais c'est là un point de vue trop restreint; en principe, la lettre n'étant pas représentée, une simple copie ne peut faire foi. « Il ne faut donc pas, sous prétexte de simplifier les formes, adopter des modes nouveaux qui rendraient les preuves en justice impossibles. » (23)

J'ajoute que ce serait surtout dangereux avec un système de délais rigoureux quant aux heures, ou même simplement quant aux jours. Il faut que la protestation, si elle n'est pas signifiée par huissier, le soit du moins par un mode équivalent et dans le délai légal; ce qui importe donc, c'est la réception

(23) *Gazette des Tribunaux,* 1er avril 1881.

de la lettre. Or, l'heure et même la date de la réception de la lettre ne sont pas déterminées par l'heure ou la date de l'expédition. C'est là, à nos yeux, l'argument décisif.

Il n'est qu'un point sur lequel il puisse être, à mon sens, donné satisfaction au vœu de la Cour d'Aix.

Lorsque la réception, étant achevée au cours d'une journée, le délai de 24 heures ne comprendrait que la fin de cette journée et le commencement de l'autre, il pourrait y avoir, en certains cas, difficulté à obtenir, avant l'expiration des 24 heures, le concours nécessaire de l'huissier. — Mais il suffirait, pour parer à cet inconvénient, d'adopter, à la place du délai de 24 heures, le jour franc proposé par la Cour de Bordeaux.

Nous serions donc purement et simplement ramenés à la conclusion précédemment formulée.

B. — Actions pour retards.

I. — J'ai dit déjà que les art. 435 et 436 du Code de Commerce ne s'appliquent qu'aux actions pour avaries ou pertes, non aux actions pour retard. Cela résulte du texte; et l'on conçoit en effet que si, dans le cas de manquants ou d'avaries, les vérifications à faire sont urgentes, les mêmes déchéances ne s'imposent pas lorsque l'action est basée sur un retard dans l'arrivée de la marchandise (1).

La déchéance de l'art. 105, quand on l'applique au cas de retard, se justifie d'autant moins qu'elle est alors moins nécessaire, puisque les vérifications à faire ne consistent que dans une supputation de délais.

On a bien fait deux objections :

On a dit, en fait, que ce serait ouvrir la porte à une foule de réclamations qui ne seraient basées sur aucun préjudice

---

(1) Lyon, jugement du 3 août 1865 , arrêt confirmatif du 20 février 1866 ; et sur pourvoi, Req. Rej., 13 novembre 1867; (D. P., 68, 1, 68.)

réel ; la réponse est que le succès de l'action est toujours subordonné à la preuve du préjudice.

On a objecté en droit, qu'à moins de réticences qui engageraient, on le reconnaît, la responsabilité des compagnies, les conditions de délai peuvent être appréciées dès le moment de la réception. Ici, deux réponses : la première c'est, que le calcul des délais est loin d'être toujours aussi aisé à faire qu'on le suppose ; il ne suffit pas, comme on le prétend, de l'inspection de la lettre de voiture ; elle est souvent muette quant aux délais (2) ; les indications en peuvent être erronées. On ne peut refuser au destinataire le temps de se renseigner. — La seconde réponse, c'est que, quand même le destinataire sait à n'en pas douter que les délais du transport ont été dépassés, on ne peut le soumettre à la nécessité d'aggraver par son refus de prendre livraison, le préjudice que lui cause déjà le retard. Et cependant, le droit reconnu aux compagnies de ne pas accepter de réserves le placerait dans cette alternative, ou de refuser, malgré le besoin qu'il a des marchandises, la livraison tardivement offerte, ou de renoncer par le paiement du prix de transport, à tout recours ultérieur.

II. — Un délai est donc nécessaire.

Aussi, si la Cour de Paris opine encore pour le maintien de l'art. 105, la Chambre de Commerce de Nantes s'en sépare ici et est « unanime à demander que, même après l'enlève- » ment des marchandises et le paiement de la lettre de » voiture, un délai soit accordé aux intéressés pour vérifier » si le transport et la livraison n'ont pas subi un retard im- » putable au transporteur. Ce délai pourrait être fixé à six » mois à compter de la livraison. » Le but serait même dépassé.

---

(2) Je m'expliquerai plus loin sur l'obligation qu'on veut, à cet égard, imposer aux compagnies.

La Faculté de Bordeaux se réfère à l'art. 108.

Inutile de revenir en détail sur les autres avis exprimés. Les délais demandés sont, en général, les mêmes que pour le cas de pertes ou d'avaries (3).

Si cette assimilation devait être admise, nous serions conduits à proposer 24 heures ou un jour franc (suivant la solution qu'on adoptera à cet égard) pour protester, et un mois pour agir. Il n'y aurait donc, dans le nouvel art. 105, qu'à ajouter le mot *retard* aux mots *pertes et avaries*.

Mais est-ce là ce qui convient le mieux?

A l'exception de trois de ses membres, qui ont déclaré ne pas se rallier à ces conclusions du rapport, la Faculté de Rennes ne l'a pas pensé. Elle a considéré que si l'on ne conçoit pas que les manquants ou avaries ne soient pas reconnus aussitôt après réception, le retard, au contraire, demande parfois, pour être vérifié, un plus long temps. Si donc, dans le premier cas, le défaut de protestation immédiate est à bon droit suspect, il serait à craindre qu'en exigeant, dans le second, une protestation immédiate dans les 24 heures, comme préliminaire de l'action, on n'aboutît à paralyser le droit qu'on reconnaîtrait, en principe, au destinataire.

Le délai de six mois serait exagéré ; le délai d'un mois pour intenter l'action répond suffisamment à toutes les nécessités et paraît propre à concilier le droit des destinataires avec l'intérêt légitime des compagnies.

Si ces conclusions étaient admises, il y aurait lieu d'ajouter à l'art. 105 nouveau un dernier alinéa ainsi conçu :

« Toute action contre le voiturier pour retard devra être
» intentée, sous peine également de déchéance dans le mois
» à partir du jour de la réception. »

(3) Des réserves sont faites, toutefois, par le Tribunal de Commerce de Nantes et par la Cour de Bordeaux, notamment, pour le cas où la lettre de voiture ne serait pas conforme à l'art. 102.

III. — Faut-il s'en tenir là, et, puisqu'il s'agit de réglementer à nouveau ces actions, n'y aurait-il pas lieu de combler, dans l'art. 108, ce qu'il est permis de considérer comme une lacune? L'action pour avaries, quand elle n'est pas éteinte plus tôt, en vertu de l'art. 105, se prescrit par six mois (4) du jour de la livraison; de même, l'action à raison de la perte se prescrit par le même laps de temps à partir du jour où le transport aurait dû être effectué. Tel est le texte de l'art. 108 du Code de Commerce. Mais ce texte ne vise pas le cas de retard. Il en résulte que l'action pour retard, si elle ne tombe pas sous le coup de l'art. 105, dure trente ans. — Pourquoi, puisqu'au cas de non-représentation des colis, l'action est éteinte par six mois, ne serait-elle pas éteinte également, au cas de livraison tardive, par six mois du jour de la livraison effectuée?

Il y aurait donc lieu de modifier en ce sens l'art. 108. (5)

III.

Seconde question. — L'application de l'art. 105, même modifié, ne devrait-elle pas être restreinte aux actions pour avaries, pertes ou retards; et les actions en détaxe ne devraient-elles pas être soumises à une prescription spéciale de courte durée, d'ailleurs?

I. — La gravité de cette question vient de ce que les prix des transports par chemins de fer ne peuvent être librement débattus, mais sont réglés par des tarifs homologués qui sont la loi des compagnies comme des particuliers.

D'une part, les compagnies ne peuvent, ni directement ni indirectement, conférer à certains expéditeurs le bénéfice de

---

(4) Ou par un an, s'il s'agit d'expéditions faites de l'étranger.

(5) Ce serait une addition à faire aux propositions de la Faculté de droit de Rennes.

tarifs réduits qui rendraient pour d'autres la concurrence impossible. De là leur droit, quand, pour une cause quelconque, la taxe a été incomplètement appliquée, de réclamer des suppléments de taxe, et il est à noter que les actions en surtaxe ne sont soumises à aucune prescription particulière.

D'autre part, les particuliers ne peuvent être obligés de subir les applications de taxes qui seraient excessives ; de là leur droit d'exercer, en ce cas, la répétition de l'indû au moyen d'actions dites en détaxe.

II. — Mais parmi ces actions, il y aurait à faire une distinction : ne sont-elles fondées que sur la rectification de simples erreurs de calcul, elles ne sont soumises à aucune prescription particulière, et la rectification peut en être demandée à une époque quelconque, nonobstant la réception des marchandises et le paiement du prix réclamé pour le transport. Aux erreurs de calcul proprement dites, la Jurisprudence assimile avec raison les erreurs intervenues dans l'application des tarifs, telles que, erreurs sur le classement des marchandises, sur la distance réellement parcourue ou sur la quotité des frais accessoires. (1)

Cette Jurisprudence ne fait que se conformer à l'art. 541 du Code de Procédure civile ; car on peut dire que, dans les hypothèses qui viennent d'être citées, il y a bien erreur, faux, ou double emploi, dont la rectification doit pouvoir être demandée à la seule condition d'en signaler l'objet précis.

N'en devrait-il pas être de même quand, par exemple, le destinataire prétend que la Compagnie était tenue, au lieu d'appliquer le tarif général, d'appliquer un tarif commun spécial à prix réduit, ou quand il maintient qu'une faute a été commise, en faisant suivre à la marchandise une direction qui n'était pas la plus courte? N'y a-t-il pas là, au même titre

(1) Motifs des arrêts du 25 avril 1877 cités plus bas.

que précédemment, erreur, faux ou double emploi ? La Jurisprudence, cependant, a admis des solutions différentes.

Suivant elle, quand la contestation porte sur les conditions
mêmes du contrat de transport, ce qui s'entend du tarif qui
devait être appliqué, ou sur une faute commise dans le
mode d'exécution de ce contrat, ce qui s'entend de la direction qu'on a fait suivre à la marchandise, la fin de non-
recevoir de l'art. 105 s'opposerait à toute réclamation, c'est ce
qui résulte des deux arrêts de la Cour de Cassation du
25 avril 1877. (2)

En d'autres termes, ces arrêts distinguent entre les erreurs
commises dans la liquidation du prix, opérée d'après les bases
du contrat, telles qu'elles résultent des termes du récépissé,
lesquelles seraient toujours réparables, et les erreurs à un
certain point de vue plus graves, portant sur les bases mêmes
de ce contrat ou sur les fautes commises dans son exécution,
contre lesquelles il serait nécessaire de protester sans délai.

Le seul motif qu'on puisse invoquer à l'appui de cette distinction, c'est que dans ce dernier cas (infraction au contrat
de transport), ce qu'on reproche à la Compagnie, c'est une
faute, faute commise dans l'exécution d'un contrat librement
consenti, faute susceptible par conséquent d'être couverte par
une ratification ; or, la fin de non-recevoir de l'art. 105
implique l'idée d'une ratification. Dans le premier cas, au
contraire, il n'y a pas faute, mais erreur, erreur commise
dans l'application de tarifs ayant force de loi, erreur exclu-
sive, par conséquent, d'une ratification volontaire (3). Toutefois, deux arrêts de la Cour de Cassation, l'un du 8 janvier
1879, l'autre du 14 décembre 1880, paraissent revenir, dans
une certaine mesure, sur cette jurisprudence (4). Quand le

(2) D. P., 1877, 1, 198.
(3) Le rapport précité de M. Derôme est, à cet égard, très net.
(4) D. P., 1879, 1, 105. — *Gazette des Tribunaux*, 15 décembre 1880.

tarif spécial serait applicable d'office, sans même que l'application en fût demandée, l'art. 105 serait écarté. Dans ce dernier cas, en effet, la responsabilité de la Compagnie qui n'a pas appliqué le tarif spécial doit être engagée de la même façon que quand elle a mal appliqué le tarif qui devait l'être. En d'autres termes, on ne conçoit pas de différence entre l'erreur dans l'application d'un tarif, portant sur le classement de la marchandise dénommée au récépissé, et l'erreur sur le tarif même qu'il convenait d'appliquer. Qu'on se soit mépris entre les séries d'un même tarif, ou entre divers tarifs, il n'y a pas moins eu de la part de la Compagnie, perception de l'indû ; il n'y a en pas moins violation de son cahier des charges, qui ne lui permet de percevoir d'autres taxes que celles fixées par des tarifs homologués. Donc, pas plus dans un cas que dans l'autre ne saurait prévaloir une fin de non-recevoir qui équivaudrait au privilège pour les Compagnies de violer impunément la loi.

Mais ne convient-il pas d'aller plus loin et d'écarter l'art. 105 même dans le cas où la discussion porterait sur le point de savoir si l'application du tarif spécial a été effectivement demandée par l'expéditeur, quand elle devait l'être ? Si, en effet, le destinataire prouve, et il en a la charge, que cette application avait été requise, il sera par là même démontré que la perception était excessive.

De même, si la faute a consisté à faire suivre aux objets transportés, une direction qui n'était pas la plus directe.

En admettant donc que la distinction faite par les arrêts de 1877 soit juridique, elle ne laisse pas, comme on l'a fait remarquer, que d'être éminemment subtile. Dès lors quand, à l'extension de l'art. 105, faite par ces arrêts, le commerce objecte que la nécessité d'enlever immédiatement les marchandises dans les gares ne permet pas à ce moment de reconnaître des erreurs qui, à raison de la complication des tarifs, ne peuvent être découvertes que par un examen parfois assez prolongé , ces critiquessont incontestablement fondées ; et l'on doit d'autant moins hésiter à les accueillir, qu'aucune prescription spéciale n'est opposable aux Compagnies qui réclament des suppléments de taxe.

III. — Il importe, par conséquent, que les particuliers soient eux-mêmes relevés de forclusions aussi contraires à l'équité ; et comme il n'est que juste que la situation des Compagnies et la leur soit égale, la même prescription à laquelle seraient soumises les actions et détaxe devrait atteindre aussi les actions en surtaxe.

Ce système, en même temps qu'il aura pour effet de relever de la déchéance dont elles étaient frappées les actions en détaxe auxquelles la jurisprudence appliquait l'art. 105, aboutirait à abréger et la durée des actions fondées sur des erreurs de calcul ou sur les erreurs qui leur étaient assimilées, et aussi la durée des actions en supplément de taxes.

Mais il est naturel que les règlements des transports deviennent promptement définitifs ; la prescription peut donc être abrégée sans inconvénient, pourvu qu'elle soit la même pour tous.

Ces idées qui ont reçu l'adhésion de la Faculté de droit de Rennes sont aussicel les dont paraissent s'être inspirés, d'après l'aperçu que j'en ai pu prendre, la plupart des corps consultés par la Commission.

Le point de départ commun serait l'assimilation de toutes les actions en détaxe entre elles et avec les actions en supplément de taxes.

Quant au délai de la prescription à laquelle toutes seraient soumises, les uns, sans spécifier de délai, se contentent de demander « qu'on n'impose aux actions en détaxe d'autres conditions que celles apposées à l'exercice des demandes des Compagnies en supplément de prix. » Ainsi a procédé la Chambre de Commerce de Saint-Malo.

Le Tribunal et la Chambre de Commerce de Rennes réclament « l'application du droit commun » c'est-à-dire trente ans.

La Cour de Bordeaux « est d'avis que les actions respectives des Compagnies et des destinataires en matière de rectification de taxes soient soumises à une prescription identique, qui serait d'une année, à partir de la réception des marchandises et du paiement du transport. »

Le plus grand nombre a admis, toujours avec la condition de réciprocité, le principe de l'art. 108, c'est-à-dire le délai de six mois. Citons le Tribunal et la Chambre de Commerce de Nantes dont les conclusions sont, ici, identiques : « Les actions en répétition de sommes indûment payées et en redressement d'erreurs seront soumises à la prescription de l'art. 108 du Code de Commerce. »

Citons les Cours de Lyon et d'Aix. « Il y a lieu de déclarer, dit la Cour de Lyon, que toute action (en détaxe ou en surtaxe), quelle que soit sa cause, sera prescrite dans les délais fixés par l'art. 108. » Seront non-recevables d'après la Cour d'Aix, ces mêmes actions, si elles ne sont pas introduites en justice dans les six mois de la réception des objets transportés. »

La Faculté de Rennes s'exprime ainsi :

« Quel sera le délai ? Sera-t-il de six mois comme dans l'art. 108 ? Sera-t-il d'un an ? Là, serait toute la question. La Faculté croit le délai de six mois suffisant en principe. De là, un dernier alinéa à ajouter, soit à l'art. 105, soit à l'art. 108 : « Toutes actions en supplément ou en réduction » de taxes, pour transports par chemins de fer, ne seront » prescrites que par le même délai de six mois, pour les » expéditions faites dans l'intérieur de la France, et d'un an » pour les expéditions faites de l'étranger ou à l'étranger. » Si le délai était d'un an, il devrait être uniforme pour toutes les expéditions. » (5)

(5) La Faculté de Bordeaux admet aussi, pour les actions en détaxe,

Les Cours de Rennes et de Rouen n'accorderaient que trois mois « à partir de la livraison de la marchandise » dit la Cour de Rouen ; « à partir de la réception des marchandises jointe au paiement du transport, » suivant la Cour de Rennes.

Ces deux Cours admettent d'ailleurs que la même prescription édictée pour les actions en détaxe devra, par une juste réciprocité, régir aussi les actions en supplément de prix.

La Cour de Paris, au contraire, ne s'occupe pas de ces dernières actions ; elle laisse également sous l'empire du droit commun les actions en détaxe auxquelles la jurisprudence n'appliquait pas l'art. 105 ; quant à celles qui auraient été régies par cet article, elles seraient prescrites après un mois écoulé depuis la livraison.

Je ne m'arrêterai pas à ce dernier système ; l'absence d'uniformité et de réciprocité suffit à le condamner.

Quelle que soit l'erreur et quel que soit celui qui en souffre, elle n'est pas moins excusable ; et la logique autant que l'équité demande qu'on résolve d'une façon identique toutes les questions qui, affectant le prix des transports, touchent d'une manière quelconque aux tarifs.

IV. — La seule question est dès lors celle du délai.

Or, nous sommes en matière commerciale et pour le contrat de transport en particulier, je l'ai dit, il est naturel que les règlements deviennent promptement définitifs. Cela importe même d'autant plus que ces procès donnent souvent lieu à des actions récursoires qui multiplient le nombre des plaideurs. C'est aux particuliers et aux Compagnies à ne pas tarder, au-delà d'un temps raisonnable, à provoquer les redressements des taxes perçues.

Il y a donc lieu d'écarter le délai de trente ans.

A l'inverse, le délai de trois mois est trop court ; dès lors

la prescription de l'art. 108 ; mais je ne crois pas qu'elle ait demandé de leur assimiler les actions en supplément de taxe.

qu'il s'appliquerait aux actions en supplément de taxe, les Compagnies seraient les premières à protester.

Le débat ne se pose, à vrai dire, qu'entre le délai de six mois et celui d'un an.

En faveur du délai de six mois, on peut dire que si tout délai est en lui-même arbitraire, il y a intérêt à ne pas, dans une même matière, diversifier les délais à l'infini, à moins de nécessité démontrée.

Le délai pourrait donc être, suivant l'art. 108, de six mois en principe, et d'un an pour les expéditions faites de l'étranger ou à l'étranger.

Peut-être même un délai uniforme d'un an serait préféré par les compagnies qui ont besoin d'un certain temps pour contrôler les taxes appliquées et relever celles dont elles ont à demander le redressement. Mais ce travail de contrôle peut être activé et je persisterais à penser qu'il y a tout avantage à ne pas se départir des termes de l'art. 108.

Quoiqu'il en soit, quel doit être le point de départ du délai ?

Les uns ont proposé que le délai courût du jour de la réception des marchandises, d'autres du jour de la réception jointe au paiement. Cette dernière solution est la bonne. La réception est indispensable pour faire courir la prescription ; le délai ne peut courir contre la compagnie avant qu'elle ait livré la marchandise, et celui qui ne l'a pas reçue n'est pas davantage en demeure d'agir en rectification de taxe (6) ; mais la réception, à elle seule ne suffit pas. On n'a à réclamer ce qui a été perçu en moins ou à répéter le trop perçu qu'après paiement. — Toutefois, à la différence de l'opinion que j'ai défendue au sujet de l'action

(6) La seule action possible serait alors l'action pour pertes des colis, se prescrivant par six mois du jour où le transport devait être effectué (art. 108).

pour avaries ou retards, comme il s'agit ici non d'une déchéance encourue à très bref délai, mais d'une prescription de six mois au moins, j'admettrais qu'il importe peu que le paiement ait précédé ou suivi la réception ; il suffirait de la réunion des deux faits ; et c'est ce qu'expriment les mots « *réception jointe au paiement.* » (7)

OBSERVATION FINALE. — On remarquera que si la disposition légale qui réglera la prescription des actions en réduction ou en supplément de taxe est nécessairement spéciale aux transports par voies ferrées, puisqu'elle vise des tarifs homologués, qui n'existent pas pour d'autres transports ; — au contraire les modifications proposées à l'art. 105, en réponse à la première question, ont un caractère général ; et tel est en effet le sens dans lequel ces propositions ont été faites (8).

IV.

I. — Resterait une question qui se trouve posée par certains des organes consultés.

Il s'agit des cas de retards ou de redressement de taxes.

Supposons le délai normal des actions pour retards fixé à un mois, et celui des actions en détaxe à six mois par exemple. — La question est de savoir si ces délais ne supposeront pas que les compagnies se soient conformées à l'art. 102 du Code de Commerce, dans leurs lettres de voiture ou bulletins d'expédition, quant à l'indication et du délai et du prix du transport.

La Cour de Bordeaux demande que les compagnies soient

---

(7) On sait que c'est le système proposé d'une manière générale par la Cour de Rennes.

(8) La délibération précitée de la Faculté de droit de Rennes s'en explique expressément. — Il en est de même de l'avis de la Cour d'Aix.

tenues de faire ces énonciations. Le Tribunal de Commerce de Nantes propose en outre une sanction énergique ; il voudrait qu'il fût dit : « La lettre de voiture devra être établie conformément aux dispositions de l'art. 102 du Code de Commerce et indiquer en outre le tarif sous l'empire duquel voyage la marchandise et la distance parcourue ; à défaut d'observation de ces règles de la part des transporteurs, toutes actions dérivant contre eux de la lettre de voiture, sauf celles pour causes de pertes ou d'avaries, ne pourront être prescrites que par trente ans. »

Pour mon compte j'estime qu'il n'y a pas à se préoccuper de ce point de vue. En effet, l'obligation pour les compagnies existe déjà ; il n'y a donc de ce côté rien à innover. — Quant à la sanction, elle ne me paraît pas devoir être admise. Ce serait perpétuer, bien au-delà de ce qui est nécessaire, des actions qui peuvent être utilement exercées dans les délais proposés ; et je ne crois pas qu'il soit logique d'établir une telle différence entre le cas d'indications erronées et le défaut absolu d'indication du délai ou du prix.

II. — L'obligation elle-même résulte de l'art. 49 du cahier général des charges de 1857-59.

Cet article commence par assurer la régularité des transports en prescrivant de les effectuer sans tour de faveur, dans l'ordre des inscriptions faites à la gare de départ, sur des registres *ad hoc,* où doit être également mentionné le prix total dû pour le transport.

Et l'article ajoute : « Toute expédition de marchandises sera constatée, si l'expéditeur le demande, par une lettre de voiture dont un exemplaire restera aux mains de la compagnie et l'autre aux mains de l'expéditeur. — Dans le cas où l'expéditeur ne demanderait pas de lettre de voiture, la compagnie sera tenue de lui délivrer un récépissé qui énoncera la nature et le poids du colis, le prix total du transport et le délai dans lequel ce transport devra être effectué. »

Voilà donc l'obligation réglementaire nettement établie (1).

III. — Mais il est souvent difficile de se conformer exactement aux prescriptions de l'art. 49. — Les délais sont fixés par l'art. 50 du cahier général des charges combiné avec un arrêté ministériel du 12 juin 1866 et avec les cahiers des charges ou tarifs homologués particuliers à chaque compagnie.

Sans plus de détails, il y a lieu de tenir compte et de la distance (2) et de la transmission d'une ligne à l'autre (3) et de la nature du tarif à appliquer (général ou spécial) (4), et de la classification des marchandises qui peut varier d'une compagnie à l'autre. La plupart de ces circonstances influent à la fois et sur les délais et sur les prix.

Bien que l'on tende manifestement à plus d'uniformité, le résultat est encore loin d'être atteint. Au milieu de ces complications de tarifs, les erreurs sont donc possibles. C'est précisément parce que et les employés des compagnies et les particuliers peuvent hésiter, que des délais sont nécessaires pour permettre aux particuliers de se plaindre soit des retards,

---

(1) Cet art. 49 est conforme à l'art. 50 de l'ordonnance du 15 novembre 1846. Cette disposition comporte dès lors une sanction pénale (art. 21 de la loi du 15 juillet 1845). — *Sic,* crim. Cass. 31 juillet 1857. (D. P. 57, 1, 384.)

(2) En principe, pour la petite vitesse, 125 kil. par jour.

(3) Cette transmission donne lieu à un supplément de délai d'un jour, s'il existe une gare commune aux deux lignes, de trois jours dans le cas contraire ; à Paris, pour la transmission par le chemin de ceinture, on compte deux jours.

(4) Un tarif spécial correspond d'ordinaire à une augmentation de délai, en même temps qu'à une réduction de prix. — Il existe des tarifs spéciaux communs aux diverses compagnies, mais ils ne le sont pas tous ; et la règle étant qu'un tarif spécial ne peut être appliqué que sur la demande expresse de l'expéditeur, il en résulte qu'à moins de tarif commun, l'expéditeur ne peut même pas bénéficier du tarif spécial appliqué par la compagnie de départ, sur les autres lignes parcourues.

soit des taxes perçues inexactement, comme aux compagnies
pour réclamer des suppléments de taxes.

On sait, d'ailleurs, que les tarifs homologués sont obliga-
toires et pour les compagnies et contre elles.

Ils font la loi entre elles et le public ; ni directement, ni
indirectement il ne peut y être dérogé (5). Les indications
erronées faites du prix du transport ne s'opposent pas aux
actions en supplément de taxes ; les indications erronées
quant aux délais ne privent pas davantage les compagnies
d'user des délais réglementaires.

Les particuliers ont le même droit de se faire restituer
contre ces erreurs (6) ; et, s'ils rencontrent dans la législation existante quelques entraves, les modifications proposées
aux art. 105 et 108 du Code de Commerce ont précisément
pour but de les mettre à même de le faire utilement. — Mais
qu'importe, à ce point de vue, que l'action soit provoquée
par les erreurs ou par le silence de la lettre de voiture ou
du récépissé ?

Dans les modifications proposées, tout est avantage pour le
public ; d'après ce qui paraît devoir être accepté, le délai
pour intenter les actions fondées sur le retard ne serait jamais
inférieur à un mois ; pour les actions en détaxe, il serait de
six mois ; et ce n'est que dans le cas où ces dernières actions
seraient fondées sur erreur de calcul ou erreur dans l'application d'un tarif, que le délai actuel serait abrégé.

Mais si la réciprocité est admise, la même restriction, s'é-
tendant aux actions en supplément de taxes, ce sont les

(5) C'est là la règle essentielle et la meilleure garantie pour le public.
Depuis le 1er janvier 1858, tous traités particuliers sont même interdits
(art. 48 du cahier général des charges).

(6) Sur tous ces points, la Jurisprudence est constante. V. Dalloz,
Code de Commerce annoté. V° Exploitation commerciale des chemins de
fer, sect. 4, § 4, p. 241.

compagnies qui se trouveraient le plus atteintes. — En tous cas, pour le public et pour les compagnies, le délai paraît suffisant; et, encore une fois, il importe de ne pas retarder indéfiniment le règlement des transports.

— Qu'on s'en tienne donc, sans rien innover à cet égard, à l'obligation réglementaire constatée plus haut, en s'en rapportant, pour l'exact accomplissement de cette obligation, à la sanction pénale résultant de l'art. 21 de la loi du 15 juillet 1845, et aux progrès qui se sont faits déjà et qui se feront encore dans le sens d'une plus grande uniformité des tarifs.

V.

Observations sur des modifications plus générales à apporter à la législation des transports.

A cet égard, les points de comparaison me manquent (1). Je me borne à transcrire cette partie de mon rapport : Nous aurions encore à répondre à l'invitation qui nous est adressée de faire connaître nos vues sur les modifications qui pourraient être apportées à la législation des transports. Pour mon compte , j'estime que des modifications à une législation connue et depuis longtemps déjà en vigueur, ne sont utiles qu'autant que la nécessité en a été démontrée par l'expérience, que les réclamations doivent, par conséquent, émaner tout d'abord des commerçants eux-mêmes ou de leurs représentants autorisés.

La suite donnée aux pétitions soumises à la Chambre des Députés au sujet de l'art. 105 fournit la preuve que les réformes vraiment désirables parviennent toujours à trouver place dans la législation.

(1) V. plus haut p. 7. Les corps consultés ont, en général, borné leurs observations aux réformes à apporter aux art. 105 et 108, Code de Commerce.

Il me semble donc que nous agirons prudemment .en laissant aux intéressés eux-mêmes l'initiative de réformes plus profondes, qui actuellement ne paraissent pas s'imposer.

J'ajoute que je ne crois pas d'ailleurs à la nécessité de modifications essentielles, soit dans la législation des transports en général, soit dans la législation commerciale des chemins de fer.

En ce qui concerne cette dernière, je crois plutôt à l'efficacité des améliorations concertées pour l'établissement des tarifs et leur application entre l'Etat et les Compagnies. Les Compagnies, soit qu'elles agissent spontanément, soit qu'elles cèdent à l'influence directe ou indirecte que le Gouvernement est toujours à même d'exercer sur elles, se montrent aujourd'hui animées d'un esprit suffisamment libéral à l'égard du public, pour qu'on puisse leur laisser l'initiative des améliorations encore réalisables.

C'est ainsi, pour ne signaler que quelques points, que le 1er mars 1878, elles inauguraient un tarif commun pour le transport par grande vitesse des petits colis, c'est-à-dire des paquets n'excédant pas 5 kilogrammes (2).

C'est ainsi encore que, le 5 juillet 1880, elles ont soumis à l'homologation de M. le Ministre des Travaux publics et du Commerce, un tarif spécial commun pour le transport en petite vitesse, des paquets, sacs et colis emballés, dont le poids n'excéderait pas 40 kilogrammes.

(2) Depuis le 1er mai 1881, un tarif spécial commun a encore été réduit. Quelle que soit la distance, les colis inférieurs à 3 kilog. ne paient que 0,60 c. ; ceux de 3 à 5 kilog., 1 fr. 20 c. ; — 0,25 c. en sus pour le factage.

On annonce en outre que, par suite d'une concession des Compagnies combinée avec une réduction de l'impôt, les prix des transports des marchandises par grande vitesse et des voyageurs seraient prochainement abaissés.

Enfin, à la même date du 5 juillet 1880, un tarif général commun pour la petite vitesse, complété par une classification des marchandises en six séries uniformes, a été également soumis à l'homologation.

Nous ne pouvons donc qu'exprimer le désir qu'on ne s'arrête pas dans cette voie, c'est-à-dire que les catégories ou classes de marchandises soient rendues, autant que possible, uniformes.

Qu'on multiplie, le plus qu'on le pourra, les tarifs communs soit généraux ou spéciaux.

Qu'on supprime sur les différents réseaux les détournements qui allongent le parcours, à l'avantage sans doute de certaines Compagnies, mais toujours au détriment du public.

Qu'on applique enfin à tous les transports une taxe kilométrique avec zones de parcours et abaissement progressif de la proportion du prix par tonne et par kilomètre, suivant la distance parcourue. Cette taxe ainsi graduée remplacerait avantageusement les tarifs différentiels actuels, surtout ceux qui n'existent qu'entre certains points déterminés.

Mais, étant donnés les cahiers des charges des Compagnies et les intérêts légitimes qu'elles représentent, ces réformes, ainsi que tous abaissements de tarifs, nous paraissent être bien plutôt du domaine de l'Administration que du domaine du législateur.

— La Faculté a purement et simplement déclaré approuver ces conclusions du rapport.

VI.

Conclusion.

Tous projets de réformes générales à apporter à la législation des transports étant écartés, tout au moins ajournés, il n'est pas téméraire d'espérer voir aboutir les modifications qu'il convient d'apporter aux art. 105 et 108 du Code de Commerce. Grâce à la netteté des questions posées par la Commission chargée de l'élaboration du projet, grâce à l'examen consciencieux qui en a été fait par les corps consultés, ces questions paraissent aujourd'hui complètement élucidées, et le principe des modifications réclamées par les intérêts commerciaux étant généralement accepté, il ne s'agit plus en quelque sorte que de se prononcer sur l'étendue des délais qui seraient accordés suivant les cas.

Je résumerais ainsi ceux qui me paraîtraient devoir être définitivement adoptés :

1° *Actions pour pertes ou avaries.* — Un jour franc, à partir de la réception suivie de paiement pour signifier une protestation et provoquer la vérification des colis, conformément à l'art. 106 ; — un mois, à partir du jour de la protestation pour intenter l'action. — En tous autres cas, maintien des délais de l'art. 108.

2° *Actions pour retards.* — Un mois, à partir de la réception suivie de paiement, pour intenter l'action. En tout autre cas, il y aurait lieu d'appliquer à l'action pour retards les délais de l'art. 108, comme aux actions pour avaries ou pertes, seules visées à cet article ; le point de départ serait le jour de la livraison.

3° *Actions en supplément ou réduction de taxes pour transports par chemins de fer.* — Pour toutes ces actions, prescription de six mois, s'il s'agit d'expéditions faites dans l'intérieur de la France ; d'un an, s'il s'agit d'expéditions faites de l'étranger ou à l'étranger ; ou délai uniforme d'un an, s'il était jugé nécessaire. Le point de départ de cette prescription serait ici la réception jointe au paiement, sans qu'on eût à distinguer lequel de ces faits aurait précédé l'autre.

TABLE

III

(P. 26.)

SECONDE QUESTION.

I. — Nécessité d'une prescription spéciale pour les actions en détaxe.

II. — Critique de la distinction faite entre ces actions par la jurisprudence.

III. — Assimilation de toutes les actions en détaxe entre elles et avec les actions en surtaxe. — Avis exprimés.

IV. — Durée de la prescription. — Appliquer l'art. 108. Observation finale.

IV

(P. 34.)

I. — En cas de non conformité des récépissés ou lettres de voiture à l'art. 102, faudrait-il prolonger les délais des actions pour retards ou détaxes ?

II. — Obligation réglementaire des Compagnies. — Sa sanction.

III. — Les délais précédemment proposés suffisent.

V

(P. 38.)

Observations sur des modifications plus générales à apporter à la législation des transports.

VI

(P. 40.)

Conclusion.

Nantes, imprimerie de Mᵐᵉ vᵉ Camille Mellinet, place du Pilori, 5.

www.ingramcontent.com/pod-product-compliance
Ingram Content Group UK Ltd.
Pitfield, Milton Keynes, MK11 3LW, UK
UKHW020051100726
13658UKWH00004B/1693